Tina Weiler

Ohren an das Knie heran, ob die Nase wackeln kann?

Bewegungsreime zur Sprachförderung

3–6 Jahre

Verlag an der Ruhr

Impressum

Titel: **Ohren an das Knie heran, ob die Nase wackeln kann?**
Bewegungsreime zur Sprachförderung

Autorin: Tina Weiler

Titelbildkinder: Selina Goldschmidt, Bennet Gerritzen

Illustrationen: Petra Lefin

Druck: Druckerei Uwe Nolte, Iserlohn

Verlag: Verlag an der Ruhr
Alexanderstraße 54 – 45472 Mülheim an der Ruhr
Postfach 10 22 51 – 45422 Mülheim an der Ruhr
Tel.: 0208/439 54 50 – Fax: 0208/439 54 239
E-Mail: info@verlagruhr.de
www.verlagruhr.de

ISBN 978-3-8346-0321-0

geeignet für die Altersstufen 3 4 5 6

Gedruckt auf chlorfrei gebleichtes Papier.

Die Schreibweise der Texte folgt der neuesten Fassung der Rechtschreibregeln – gültig ab August 2006.

Inhaltsverzeichnis

Inhaltsverzeichnis

Vorwort

Liebe Leserinnen und Leser,

Kinder haben von Natur aus Freude an Sprache und Bewegung. Unsere Aufgabe, und Ziel der Übungen in diesem Buch, ist es, diese Freude zu erhalten und darüber die sprachlichen und motorischen Fähigkeiten der Kinder zu fördern. Dies geschieht unter anderem über das Spiel mit dem Wort. Die Reime, Verse und kleinen Texte regen die Bewegung an und fordern Kinder heraus, selbst mit Sprache und Bewegung zu experimentieren.

Spielanleitung – einige Hinweise vorweg

Wie Sie sicher schon gesehen haben werden, sind alle Spiele in diesem Buch **neun Kapiteln** zugeordnet:

- Los geht's
- Zu zweit
- Ellenbogen, Nase, Knie
- Hoch und runter, hin und her
- Auf dem Boden und die Flamingos
- Durch das Zimmer
- Fingerspiele
- Ausruhen
- Applaus, Applaus, doch jetzt geh'n wir nach Haus.

Auf **Grenzgänger**, also Spiele, die in mehrere Kapitel passen, wird in der kurzen Einleitung zu jedem Kapitel hingewiesen.

Im Vordergrund jedes Spiels steht die Freude an der Sprache und der Bewegung. Das Zusammenspiel von Wort und Körper bildet bei allen Spielen den grundlegenden Übungsschwerpunkt.

Dabei werden bei allen Übungen vor allem folgende **sprachliche Bereiche** gefördert:

- Sprachrhythmus
- Reime
- Silben
- Aussprache
- Wortschatz
- phonologische Bewusstheit.

Unseren Kindern ist es egal, welche Fähigkeiten sie gerade „trainieren". Als Hinweis für Sie finden Sie auf S. 69 eine Übersicht, welche **motorischen Schwerpunkte** die Übungen fördern.

Vorwort

- **Koordination** (Isolation oder Zusammenspiel verschiedener Körperteile, Fein- und Grobmotorik)
- **Kondition** (die physische Ausdauer wird trainiert)
- **Kraft** (eine Körper-/Muskelpartie wird besonders beansprucht)
- **Balance**
- **Vertrauen** (zu Ihnen oder zu anderen Mitspielern)
- **Lockerung/Entspannung**
- **Verantwortung für andere.**

In der „bewegten" Arbeit mit Kindern ist es nicht Intention, Bewegung zur Perfektion zu „trainieren". Vielmehr sollten die künstlerische und persönliche Entfaltung, das Ausschöpfen aller kreativen Möglichkeiten sowie die Entwicklung einer eigenen körperlichen Sprache im Vordergrund stehen.

Die **Bewegungsvorgaben** neben den Texten sind Vorschläge. Vielleicht fallen Ihnen oder den Kindern noch andere Bewegungsmöglichkeiten ein.

Auf die Einschätzung des **Schwierigkeitsgrades** habe ich bewusst verzichtet. Der sprachliche und motorische Entwicklungsstand ist von Kind zu Kind verschieden. Lassen Sie die Kinder ausprobieren. Was heute noch nicht klappt, wird morgen vielleicht schon spielend gemeistert.

Die Art der Ausführung wird sich unterscheiden, doch prinzipiell können alle Spiele sowohl von 3-jährigen als auch von 6-jährigen Kindern ausgeführt werden.

Bei den Bezeichnungen „rechts" und „links" entscheiden Sie bitte je nach Alter, ob Sie diese verwenden möchten. Vielleicht überlassen Sie es den ganz kleinen Kindern, mit welcher Seite sie beginnen möchten. Wichtig ist nur, dass immer beide Seiten geübt werden.

Die **zeitliche Dauer** der einzelnen Spiele geben Sie vor: Sprechtempo und Wiederholungen sollten den Bedürfnissen der Kleinen angepasst sein. Ansonsten gilt ganz einfach: kurzer Text – kurzes Spiel, langer Text – langes Spiel.

Bewegung und Musik sind eng miteinander verbunden. Haben Sie die Möglichkeit, die Spiele mit verschiedenen Musiken zu untermalen, sie einzuleiten oder Musik auf einen Reim folgen zu lassen, so ergibt das die ideale Basis, sich kreativ zu entfalten und emotional zu öffnen.

Wenn Sie sich entscheiden, einige Spiele rhythmisch und/oder melodisch mit einem Instrument zu begleiten (das kann das Klavier, die Gitarre oder eine Flöte sein; ein Topf mit einem Löffel oder andere klingende Gebrauchsgegenstände bringen aber genauso viel Freude), so sind die „Instrumente“ die einzigen Materialien, die Sie für alle Spiele in diesem Buch benötigen.

Sie können alle Spiele einzeln nutzen.

Zum Beispiel ein Fingerspiel nach dem Essen am Tisch, ein Raumspiel im Garten auf der Wiese oder ein Schmusereim vor dem Mittagsschlaf. Vielleicht passt ein Spiel auch zu einer Bastelstunde oder zu einer vorgelesenen Geschichte?

Sie können mehrere Spiele kombinieren.

Zum Beispiel im Bewegungsraum – ein Raumspiel zur Erwärmung, ein Spiel für Balance, Kraft, Rhythmus ..., ein Spiel am Boden und am Ende noch etwas zum Entspannen.

Ich würde mich freuen, wenn Sie die Bewegungsspiele **jederzeit und ohne Aufwand** in den normalen Tagesablauf einbetten würden. Daher erachte ich es für nicht erforderlich (anders als in einem Tanzunterricht), die Kleidung zu wechseln. Bequem sollten Kinder immer gekleidet sein. Je nach Bodenbeschaffenheit achten Sie bitte auf rutschfeste „Fußbekleidung“, Schmuck und

Vorwort

längere Schnüre an der Kleidung sollten entfernt werden.

Am Anfang werden Sie die Spiele alleine begleiten (Stimme/Instrument). Später werden Sie zusammen sprechen/singen. Mit der Bewegung verhält es sich ähnlich. Lassen Sie den Kindern immer mal wieder zwischendurch Zeit, **mit dem eigenen Körper** zu **experimentieren**, sich also selbstständig, ohne Ihre Vorgaben, zu den Texten zu bewegen. Gemeinsam wie ein Schmetterling durch den Raum zu fliegen oder mit den Fingern gegen den Boden zu trommeln macht auch sehr viel Spaß und eröffnet ein neues Bewegungserlebnis.

Es macht große Freude, gemeinsam zu „dichten" und dazu Bewegungen zu finden. Ich würde mich freuen, wenn Sie die Texte anregen, selbst mit Wort und Bewegung zu spielen.

Ich wünsche Ihnen beim Ausprobieren viel Spaß!

Tina Weiler

Tina Weiler

Eine Begrüßung

1

Ausgangsposition:
Alle Kinder stehen im Kreis.

1.
Hallihallo, hallihallo!
2-mal Knie beugen

Da wackelt jemand mit dem Po.
Powackeln

Das sieht doch aus, als ob da jemand tanzt. (Klatsch, klatsch)
mit 7 Schritten sich 1-mal drehen und danach 2-mal in die Hände klatschen

2.
Hallihallo, hallihallo!
2-mal Knie beugen

Da wackelt jemand mit dem Po.
Powackeln

Ich tanze mit,
ich tanze mit, ich kann's.
5 Sprünge am Platz

Zu zweit

Die Spiele in diesem Kapitel werden jeweils mit einem Partner ausgeführt (ein anderes Kind, der Sprecher oder ein Elternteil in einer Eltern-Mitmach-Stunde).

Es geht in diesen Spielen um Vertrauen, „Teamwork" und Körperkontakt durch Streicheln, Hände halten, gegenseitiges Berühren verschiedener Körperteile bis hin zur vollständigen Gewichtsübertragung.

Grenzgänger:

- „Alle Bälle an der Decke" (S. 45) aus dem Kapitel „Durch das Zimmer"
- „Mumba" (S. 35) aus dem Kapitel „Auf dem Boden – und die Flamingos"
- „Kleine Kribbs-Krabbs-Mecken" (S. 30) aus dem Kapitel „Auf dem Boden – und die Flamingos"

Kleines Häschen, komm zu mir

Ausgangsposition:
Kind 1 sitzt im Schneidersitz, Kind 2 steht oder hockt, die Hände als Hasenohren am Kopf angelegt, daneben.

1.
Kleines Häschen, komm zu mir!
Hops einmal um mich rum.
Zeig mir, wie du hüpfen kannst,
und mach die Öhrchen krumm.
„Häschen" springt aus der Hocke oder aus dem Stand zum Kind 1, umrundet dieses und bewegt dabei ständig seine „Hasenohren"

2.
Jetzt leg dich auf den Rücken lang,
vor dem Kind 1 auf den Rücken legen
dann kitzel' ich den Bauch.
Kind 1 kitzelt das Häschen
Komm, kuschel' dich ins Nest hinein,
in den Schneidersitz von Kind 1 kuscheln (in so einen kleinen Schneidersitz passt vom „Häschen" vielleicht der Kopf oder der Oberkörper, vielleicht aber auch ein Bein hinein – je nachdem, was das „Häschen" gerne gestreichelt haben möchte. Bei erwachsenen Mitspielern passt das „Häschen" sicher ganz in den Schneidersitz.)
dann streichel' ich dich auch.
Kind 1 streichelt das Häschen

3.
Kleines Häschen, komm zur Ruh,
atme ein und aus.
Kind 1 streichelt das Häschen
Wenn du wieder munter bist,
kriech' aus dem Nest heraus.
Das „Häschen" kann selbst entscheiden, wann es wieder munter ist.

Wir schauen in den See hinein

Ausgangsposition:
Die Kinder stehen sich entweder zu zweit gegenüber und fassen sich an den Händen oder die Gruppe bildet einen gefassten Kreis.

2

1.
Erst stehen wir auf einem Bein
und schauen in den See hinein.
ein Bein heben und nach unten schauen
(den Blick und den Kopf senken)
Dazu braucht man viel Mut,
Balance halten
doch gemeinsam können wir das schon gut.
Bein abstellen, Kopf wieder heben

2.
Dann steh'n wir auf dem anderen Bein
und schauen in den See hinein.
Beinwechsel und nach unten schauen
Dazu braucht man viel Mut,
Balance halten
doch gemeinsam können wir das schon gut.
Bein abstellen, Kopf wieder heben

3.
Nun steh'n wir auf den Ballen fein
und schauen in den See hinein.
auf die Ballen erheben und nach unten schauen
Dazu braucht man viel Mut,
Balance halten
doch gemeinsam können wir das schon gut.
zurück auf die ganze Sohle, Kopf wieder heben

Ohren an das Knie heran, ...

Wir schauen in den See hinein

4.

Jetzt steh'n wir auf den Ballen ganz allein
und schauen in den See hinein.
auf die Ballen erheben und Hände vorsichtig lösen,
nach unten schauen
Dazu braucht man viel Mut,
Balance halten
doch wir können das schon gut.
zurück auf die ganze Sohle, Kopf wieder heben

Tipp:
Später kann man dieses Spiel auch so spielen, dass die Hände nicht gefasst sind, sondern mit gestreckten Fingern leicht aufeinanderliegen. So trägt man Verantwortung für sich und seine Nachbarn, denn die sollte man auch nicht aus der Balance bringen.

Das Äffchen

Ausgangsposition:
Sprecher steht, „Äffchen“ klammert an dessen Bein.

2

1.
An meinem Bein, da klammert was,
es hat ’nen langen Schwanz.
der Sprecher versucht, das „Äffchen“ vorsichtig abzuschütteln
Ich rüttle mich, ich schüttle mich,
es ist das Äffchen Franz.
das Schütteln wird etwas stärker

2.
Ich schwing das Bein mal hin, mal her,
doch Fränzchen hält sich keck.
das Bein schwingen oder das Knie heben und senken
Als ich das Äffchen fassen wollt,
da rennt es einfach weg!
mit einer großen Armbewegung das „Äffchen“ fassen wollen, welches abspringt und davonläuft

Tipp:
Dieses Spiel ist eher ein Spiel für Erzieher und Kind. Dann kann sich das Kind mit dem gesamten Gewicht an das Bein des Erwachsenen klammern. Hervorragend geeignet ist es für eine Eltern-Mitmach-Stunde.

Ringelkringel, Zuckermund

Ausgangsposition:
Die Kinder stehen im Kreis und fassen sich an den Händen. Möglich sind auch mehrere kleine Kreise oder es stehen sich nur zwei Kinder gegenüber und fassen sich an den Händen.

1.
Ringelkringel, Zuckermund,
unser Kreis ist kugelrund.
langsam anfangen, den Kreis zu drehen

2.
Dreh' dich, dreh' dich, bleib nicht steh'n,
unser Kreis soll schneller dreh'n.
immer schneller werden

3.
Kreisel, kreisel, Karussell,
drehen
langsam, langsam, nicht so schnell.
gemächlich langsamer werden

4.
Ruhig, ruhig, rum dideldum
ganz langsam gehen und stehen bleiben
und jetzt drehen wir uns um.
in die andere Kreisrichtung drehen

Ellenbogen, Nase, Knie

Ellenbogen, Nase, Knie – in diesem Kapitel geht es um den eigenen Körper. Einzelne Körperteile werden benannt, bewegt und berührt. Man kann diese Spiele im Stehen oder im Sitzen ausführen. Vieles ist sogar im Liegen möglich.

Vielleicht versucht man die Spiele aus verschiedenen Positionen, es werden immer andere Körperpartien besonders beansprucht und auch die Bewegungsfantasie wird ständig aufs Neue herausgefordert.

Grenzgänger:

→ „Der Zim-Zam-Zaubermann“ (S. 50) aus dem Kapitel „Durch das Zimmer“

Ohren an das Knie heran, ...

Ellenbogen, Nase, Knie

Ausgangsposition:
Die Kinder stehen im Kreis oder stehen/sitzen/liegen frei im Raum.

1.
Ellenbogen, Ellenbogen,
mit einer Hand an anderen Ellenbogen fassen, wechseln
Schultern ganz weit hochgezogen.
Schultern hochziehen
Ohren an das Knie heran,
ein Ohr an ein Knie oder beide Ohren zwischen die Knie
ob die Nase wackeln kann?
mit der Nase wackeln

2.
Kopf schaut hin und Kopf schaut her,
Kopf weit zur Seite drehen, wechseln
Bauchknopf raus und rein.
Bauch raus, Bauch einziehen
Zunge malt 'nen großen Kreis
in die Luft hinein.
ausgestreckte Zunge
kreisen lassen

Füße trampeln

Ausgangsposition:
Die Kinder stehen im Kreis oder stehen/sitzen/liegen frei im Raum.

1.

Füße trampeln,
mit den Füßen stampfen
Hände klatschen,
in die Hände klatschen
Kopf, der schüttelt hin und her.
den Kopf hin- und herdrehen

2.
Po, der wackelt,
mit gebeugten Knien mit dem Po wackeln
Schultern kreisen,
Schultern nicht nur heben, sondern richtig kreisen
Haare fliegen kreuz und quer.
den Kopf richtig schütteln

3.
Arme schweben,
Arme langsam seitlich nach oben schweben lassen
Knie heben,
Arme halten und Knie im Wechsel heben
Augen schauen auf und ab.
Arme halten und gezielt nur die Augen bewegen

4.
Ellenbogen zusammengezogen,
Ellenbogen mehrmals zusammentippen
durch das Zimmer trab, trab, trab …
durch den Raum hopsen

Ohren an das Knie heran, …

Hallihallo

Ausgangsposition:
Die Kinder stehen im Kreis oder frei im Raum.

1.
Hallihallo, hallihallo!
2-mal Knie beugen
Wie geht es so, wie geht es so?
2-mal Knie beugen
Den (Füßen) geht es richtig gut, den (Füßen) geht es gut.
jeweiliges Körperteil vorzeigen und bewegen

Hier kann man die Körperteile durcheinander benennen, vom Scheitel bis zur Sohle oder umgekehrt. Sie können sie vorgeben und die Kinder müssen sie finden oder ein Kind bestimmt die Reihenfolge. Da unser Körper aus sehr, sehr vielen großen und kleinen Körperteilen besteht und man für dieses Spiel nicht so viel Platz benötigt, eignet es sich auch hervorragend zur Überbrückung von Wartesituation. Als Möglichkeit, das Spiel zu beenden, schlage ich eine letzte Strophe vor:

2.
Hallihallo, hallihallo!
2-mal Knie beugen
Wie geht es so, wie geht es so?
2-mal Knie beugen
Dem Körper geht es richtig gut.
Dem Körper geht es gut.
den ganzen Körper bewegen

Tipp: Dieses Spiel kann auch als Begrüßung genutzt werden.

Laut und leise

Ausgangsposition:
Die Kinder stehen im Kreis oder stehen/sitzen/liegen frei im Raum.

Laute Lippen mit Trara,
leiser Bauch, ha, ha, ha.
Leise Brust, leiser Zeh,
laute Waden, he, he, he.
Leise Schulter, leises Knie,
laute Füße, hi, hi, hi.
Laute Oberschenkel, leiser Po,
leise Finger, ho, ho, ho.
Leise Hände ohne Ruh,
laute Wangen, hu, hu, hu.

Die Kinder bringen die einzelnen Körperteile zum Klingen. Diese können selbst laut und leise sein, man kann sie aber auch mit den Händen zum Klingen bringen oder man bezieht seine Umgebung mit ein.

Beispiele:
- durch die fest aufeinandergepressten Lippen pusten oder sie mit den Fingerspitzen zum Klingen bringen
- über die Brust streichen
- den Zeh auf den Boden klopfen
- mit den Füßen trampeln oder die Fußsohlen aneinanderschlagen
- die Schulter vorsichtig an eine Tür schlagen …

Tipp:
Laut und leise können gewechselt werden.
Vielleicht gibt es auch einmal nur leise oder nur laute Körperteile?

Hoch und runter, hin und her

Die Richtungen – vor und rück, hin und her (als Vorform für rechts und links) sowie hoch und runter – sind das Thema in diesem Kapitel. Mal wird nur mit einzelnen Körperteilen gearbeitet oder der gesamte Körper bewegt sich in die jeweilige Richtung. Achten Sie darauf, dass die Kinder versuchen, immer weit in die Richtungen zu arbeiten, dass sie, wenn möglich, den ganzen Körper einsetzen. Die Richtungen sollen nicht nur gezeigt oder angedeutet, sondern mit dem gesamten Körper „präsentiert", gespürt werden.

Grenzgänger:

→ „Eine Verabschiedung" (S. 64)

Oben ist die Luft ganz dicke

Ausgangsposition:
Die Kinder stehen im Kreis oder frei im Raum.

Oben ist die Luft ganz dicke,
sich lang nach oben strecken
unten ist sie dünn.
flach mit der Hand über den Boden streichen
Nachdem ich heute Kirschen pflücke,
weit oben „Kirschen pflücken"
lege ich mich hin.
hinlegen
Träum von einem großen Bär,
auf dem Boden wälzen
mach die Augen auf,
abrupt liegen bleiben und die Augen öffnen
laufe hin und laufe her
und kletter auf den (Stuhl) hinauf.
einmal im Zick-Zack laufen
und auf einen Stuhl, Tisch,
Teppich oder (was viel Spaß
macht) eine Person klettern

Ohren an das Knie heran, …

Groß und klein

Ausgangsposition:
Die Kinder stehen im Kreis oder frei im Raum.

So groß ist ein Elefant.
sich groß wie ein Elefant machen
So klein ist ein Floh.
sich ganz winzig machen
Ein Nilpferd ist breit.
sich in die Breite dehnen
Eine Schlange ist schmal.
sich ganz schmal machen
Und mit ihrer Zunge macht sie so …
mit der Zunge wie eine Schlange züngeln

Hoch und runter, hin und her

Ausgangsposition:
Die Kinder stehen im Kreis oder frei im Raum.

1.
Hoch und runter, auf und nieder,
auf und ab, immer wieder.
mehrmals schnell in die Hocke gehen
und sich wieder nach oben strecken
Doch jetzt still!
Ich bleib' am Platze steh'n.
anhalten
Rolle mit den Äugelein,
wackle mit dem Näschen klein.
… gespannte Pause
Und jetzt soll's weitergeh'n!
3-mal in die Hände klatschen

2.
Hin und her, in die Seite,
links und rechts, in die Breite.
mehrmals schnell hin- und herspringen
Doch jetzt still!
Ich bleib' am Platze steh'n.
anhalten
Rolle mit den Äugelein,
wackle mit dem Näschen klein.
… gespannte Pause
Und jetzt soll's weitergeh'n!
3-mal in die Hände klatschen

Ohren an das Knie heran, …

Hoch und runter, hin und her

3.
Vorwärts, rückwärts, vor und rück,
vorn und hinten, noch ein Stück.
mehrmals schnell einen Schritt vor- und wieder zurückspringen
Doch jetzt still!
Ich bleib' am Platze steh'n.
anhalten
Rolle mit den Äugelein,
wackle mit dem Näschen klein.
… gespannte Pause
Und jetzt soll's weitergeh'n!
3-mal in die Hände klatschen

Tipp:
Es kann immer mit dem gesamten Körper in die jeweilige Richtung agiert werden oder nur mit einem vorgegebenen Körperteil (jede Strophe ein anderes oder das gesamte Spiel mit ein und demselben).

Wackelgustaf, Schlenkerliese ...

Ausgangsposition:
Die Kinder sitzen frei im Raum.

1.
Wackelgustaf, Wackelgustaf,
wipp' den Körper kräftig.
den Oberkörper kräftig hin- und her- oder vor- und rückbeugen
Nicke mit dem Kopf dazu
und schwing' die Arme mächtig.
erst mit dem Kopf nicken und dann die Arme kreisen lassen

4

AUFSTEHEN!

2.
Schlenkerliese, Schlenkerliese,
wackle mit den Gliedern.
Vor und rück, kreuz und quer,
immer, immer wieder.
am Platz stehen und mit demganzen Körper „schlenkern"

3.
Zappelpeter, Zappelpeter,
zappelst hin und zappelst her.
durch den ganzen Raum zappeln
Hoch und runter kannst du gut,
hoch- und runterhüpfen
und dabei zappeln
Grimmassen magst du sehr.
fest stehen und eine
Grimmasse ziehen

Ohren an das Knie heran, ...

Auf dem Boden – und die Flamingos

Der Boden – für die Kinder noch ein vertrauter Ort und ein wichtiger Partner in ihrer Bewegungsentwicklung. Je älter wir werden, desto fremder wird er uns. Ich kenne Erwachsene, die haben seit Jahren nicht mehr auf dem Boden gesessen und in meinen Kursen ist es für viele eine große Überwindung, wieder nach unten zu gehen. Angst spielt dabei eine große Rolle und meine Aufgabe ist es, sie langsam wieder zurück auf den Boden zu führen und Vertrauen zu schaffen.

Ich hoffe, dass Ihre Kinder Sie schon zu sich nach unten geholt haben, wenn nicht, dann sollten Sie jetzt damit beginnen, die Welt mal aus dieser Perspektive zu sehen.

In den Spielen am Boden müssen sich die Kinder nicht um Gleichgewicht und Balance kümmern. Der Schwerpunkt liegt, wie bei allen Spielen, im Zusammenspiel von Bewegung und Wort sowie auf Kondition und Koordination.

Ach ja, die Flamingos – sie sitzen sehr, sehr selten am Boden, stehen aber oft an einem Ort. Da sie nicht so richtig Lust hatten, sich in die anderen Kapitel einzufügen, habe ich sie gebeten, hier Platz zu nehmen. Sie waren einverstanden.

Grenzgänger:

→ „Reise zu den Indianern" (S. 47) 2. Teil aus dem Kapitel „Durch das Zimmer"

Kleine Kribbs-Krabbs-Mecken

Ausgangsposition:
Die Kinder hocken in allen möglichen Ecken des Raumes.
Der Sprecher steht in der Mitte des Raumes.

1.
Ich sehe was, ich sehe was,
das sitzt in allen Ecken.
Das sind die kleinen, klitzekleinen
Kribbs-Krabbs-Mecken.
Die „Mecken" sitzen in ihren Ecken.

2.
Was krabbelt denn da an der Wand
und will sich schnell verstecken?
Das sind die kleinen, klitzekleinen
Kribbs-Krabbs-Mecken.
Die „Mecken" versuchen im Krebsgang immer an der Wand entlang in eine andere Ecke zu gelangen.

3.
Was kribbelt denn da auf mich zu
und will mich wohl erschrecken?
Das sind die kleinen, klitzekleinen
Kribbs-Krabbs-Mecken.
Die „Mecken" krabbeln im Krebsgang auf den Sprecher zu.

Kleine Kribbs-Krabbs-Mecken

4.

Da lauf ich weg. Doch was ist das?
Wer will mich denn da necken?
Das sind die kleinen, klitzekleinen
Kribbs-Krabbs-Mecken.

*Der Sprecher geht durch den Raum,
die „Mecken" versuchen im Krebsgang, ihm zu folgen.*

5.

Ich denke mir, na wartet nur,
ihr kleinen Kribbs-Krabbs-Mecken.
Jetzt halt' ich an und dreh' mich um
und werde euch erschrecken.
Haaaaa!

*Mit dem „Haaa!" hält der Sprecher an und dreht sich zu den
„Mecken" um. Die Mecken legen sich ganz flach auf den Boden.*

6.

Was rollt denn da, was rollt denn da
zurück in alle Ecken?
Das sind die kleinen, klitzekleinen
Kribbs-Krabbs-Mecken.

*Der Sprecher bleibt stehen. Die „Mecken" rollen zurück
in die Ecken.*

Klingeling und poch, poch, poch

Ausgangsposition:
Die Kinder liegen auf dem Boden. Die Augen sind geschlossen.

1.
Es klingelt mein Telefon.
hinsetzen
Klingelingeling …
ein Körperteil bewegen (entweder es wird vom Sprecher vorgegeben oder die Kinder können es frei wählen)
Ich komme schon. Ich komme schon.
Das Telefon macht einen Ton.
auf den Pobacken vorwärtsrutschen
Ich komme schon. Ich komme schon.
Jetzt bin ich da!
anhalten
Ich nehme den Hörer ab
mit einer großen Armbewegung nach vorn an die Zehenspitzen fassen
und sage „Hallo".
den Telefonhörer abheben, an das Ohr halten und „Hallo" sagen
Der andre hat schon aufgelegt.
traurig zusammensinken
Das macht mich gar nicht froh.
wieder hinlegen

2.
Es läutet an der Tür.
hinsetzen
Ringringring …
ein Körperteil bewegen (siehe oben)

Klingeling und poch, poch, poch

Ich komme schon. Ich komme schon.
Meine Tür macht einen Ton.
auf den Pobacken vorwärtsrutschen
Ich komme schon. Ich komme schon.
Jetzt bin ich da!
anhalten
Ich mach die Türe auf
mit einer großen Armbewegung nach vorn
an die Zehenspitzen fassen
und sage „Hallo".
die Tür öffnen und „Hallo" sagen
Doch draußen steht keiner mehr.
traurig zusammensinken
Das macht mich gar nicht froh.
wieder hinlegen

3.
Es klopft an meinem Fenster.
hinsetzen
Poch, poch, poch …
ein Körperteil bewegen (siehe oben)
Ich komme schon. Ich komme schon.
Das Fenster macht einen Ton.
auf den Pobacken vorwärtsrutschen
Ich komme schon. Ich komme schon.
Jetzt bin ich da!
anhalten
Ich mache das Fenster auf
mit einer großen Armbewegung nach vorn
an die Zehenspitzen fassen
und sage „Hallo".
das Fenster öffnen und „Hallo" sagen
Doch vor dem Fenster steht keiner mehr.
traurig zusammensinken

Klingeling und poch, poch, poch

Das macht mich gar nicht froh.
wieder hinlegen

4.
Und plötzlich …
hinsetzen,
klingelt das Telefon, läutet es an der Tür, klopft es an das Fenster …
die drei Körperteile je nach Ansage bewegen, immer schnellere Wechsel durchführen, sodass sich am Ende alle drei Körperteile gleichzeitig bewegen
Ich laufe zum Telefon.
Ich laufe zur Tür, zum Fenster, wieder zum Telefon, zum Fenster, zur Tür …
auf den Pobacken vorwärtsrutschen, immer in eine andere Richtung. Auch hier werden die Wechsel immer schneller.
Ich öffne meine Augen,
Augen öffnen
springe auf …
schnell hinstellen
Oh, bloß gut, es war nur ein Traum.
langsam entspannen und zufrieden wieder hinlegen

Hinweis:
Ein Ziel ist es, das gesamte Spiel mit geschlossenen Augen durchzuführen, doch letztendlich kann natürlich jedes Kind wählen, ob es die Augen so lange schließen möchte oder nicht.

Mumba

Ausgangsposition:
Die Kinder liegen verteilt im Raum, zusammengerollt auf der Seite.

1.
Man nennt mich Mumba.
Ich bin eine Schlange.
lang auf den Bauch strecken
Wenn ich schlängle,
dann schlängle ich lange.
sich am Boden vorwärtsschlängeln
Ich bin (einen) Meter lang
und so leise wie dein Atem.
Droht mir Gefahr, dann ziehe ich mich zusammen.
sich wieder zusammenziehen
So kann ich lange warten.
Zisch, zisch …
zischen

2.
Man nennt mich Mumba.
Ich bin eine Schlange.
lang auf den Bauch strecken
Wenn ich schlängle,
dann schlängle ich lange.
sich am Boden vorwärtsschlängeln
Ich bin (zwei) Meter lang
und so leise wie dein Atem.
immer zwei „Schlangen" finden sich zusammen
und bilden eine große Schlange
Droht mir Gefahr,
dann ziehe ich mich zusammen.
sich zusammenziehen, entweder wieder einzeln
oder beide zu einem Knäuel

Mumba

So kann ich lange warten.
Zisch, zisch …
zischen

Tipp:
Mumba kann drei Meter, vier Meter, fünf … lang werden. Am Ende könnte die ganze Gruppe eine lange Schlange bilden. Dieses Spiel macht nur Sinn, wenn die Zahlen schon ein Begriff sind. Daher würde ich bei den Drei- und Vierjährigen einfach die Partner- und Gruppenarbeit weglassen. Sie schlängeln nur alleine und bekommen über das Wort den Kontakt zu den Zahlen.

5

Achtung!
Viel Zeit beim Zusammenziehen und Ausstrecken lassen, nicht ruckartig bewegen. Verletzungsgefahr!

Frühlingsblüher und Schmetterling

Ausgangsposition:
Die Kinder sitzen in der Hocke und machen sich ganz klein.

1.
Erst wächst ein Sprössling
aus der Erde heraus.
aus der Hocke in den Kniestand „wachsen“
Er wächst und wächst und wächst.
Dann entsteht eine Knospe darauf
Hände über dem Kopf zusammen, Arme bilden die „Knospe“
und unsere Blüte geht auf.
Arme bis in die Seite öffnen

5

2.
Schau, da kommt ein junger Schmetterling!
wie ein Schmetterling durch den Raum fliegen
Er fliegt von Ort zu Ort
und setzt sich müde
auf unsere Blüte
am Ausgangsort in die Hocke gehen
und reckt und streckt sich dort.
„Flügel“ seitlich ausbreiten

3.
Dann klappt er seine Flügel zu
Arme über dem Kopf zusammenklappen
und alles beginnt von vorn im Nu.
in Ausgangsposition zurück

Die Flamingos

Ausgangsposition:
Die Kinder stehen im Kreis.

1.
Im Leipziger Zoo,
Kopfnicken
ganz vorne gleich,
stehen viele Flamingos
in einem Teich.

2.
Einer steht fest auf einem Bein
ein Bein heben
und schaut in das Wasser rein.
nach unten schauen

3.
Ein Zweiter steht keck auf dem anderen Bein
das Bein abstellen und das andere Bein heben
und schaut in den Himmel hinein.
nach oben schauen

4.
Ein Dritter stelzt nach vorn ein Stück
vorwärts „stelzen"
wippt in den Knien und schaut zurück.
2-mal die Knie beugen und nach hinten schauen
Dann steckt er den Kopf unter ein Flügelchen,
den Kopf unter einen Arm stecken
hebt auch ein Bein
ein Bein heben
und schläft ein.
(leise schnarchen)

Ohren an das Knie heran, ...

Durch das Zimmer

Nun geht es durch das Zimmer.

Für diese Spiele benötigt man etwas Platz. Aber bitte keine Umstände – ein normales Spielzimmer ist völlig ausreichend.

Neben der Kondition ist das Zusammenspiel von Bewegung und Wort der Schwerpunkt dieser Spiele. Lassen Sie sich viel Zeit für einzelne Sätze oder Worte, die zur Bewegung anregen. Beobachten Sie, wie die Kinder mit der Bewegung umgehen und regen Sie sie immer wieder zu neuen, fantasievollen Ausführungsmöglichkeiten an – galoppieren, fliegen oder müde nach Wasser suchen kann man nämlich auf verschiedene Art und Weise.

Noch ein Wort zur Kondition – es ist ein schmaler Grad zwischen Unter- oder Überforderung. Lassen Sie die Kinder entscheiden, wann sie nicht mehr können. Die Freude am Spiel sollte immer im Vordergrund stehen.

Tipp: Diese Spiele sind auch alle im Freien möglich. „Jedes Zimmer" wird dann z.B. durch „Jeder Garten" ersetzt.

Grenzgänger:

- „Füße trampeln" (S. 20) aus dem Kapitel „Ellenbogen, Nase, Knie"
- „Frühlingsblüher und Schmetterling" (S. 37) aus dem Kapitel „Auf dem Boden – und die Flamingos"
- „Kleine Kribbs-Krabbs-Mecken" (S. 30) aus dem Kapitel „Auf dem Boden – und die Flamingos"

Die Zebras sind los!

Ausgangsposition:
Die Kinder stehen frei im Raum.

1.
Hopp, hopp, hopp,
durch den Raum „galoppieren"
die Zebras sind los.
Sie laufen im Galopp.
Wie machen sie das bloß?

Sie sind schwarz und weiß gestreift,
vom Kopf bis zu den Hufen.
Reist du mal nach Afrika,
dort kannst du sie besuchen.

2.
Hopp, hopp, hopp,
durch den Raum „galoppieren"
die Zebras sind los.
Sie laufen im Galopp.
Wie machen sie das bloß?

Die Mähne, die steht kreuz und quer.
Der Schwanz, der fliegt im Wind.
Der Körper, der ist richtig stark.
Das weiß doch jedes Kind.

Die Zebras sind los!

3.

Hopp, hopp, hopp
durch den Raum „galoppieren"
die Zebras sind los.
Sie laufen im Galopp.
Wie machen sie das bloß?

Doch sagt die Sonne „Gute Nacht!"
gemächlich langsamer werden
werden auch die Zebras müde.
noch langsamer werden
Sie kuscheln sich ganz eng zusammen
Alle „Zebras" kuscheln sich eng aneinander
(entweder sie stehen, liegen … oder sitzen).
und veranstalten ein riesengroßes
Zebra-Schnarchkonzert.
Alle schnarchen
so laut sie können.
rrr-sch, rrr-sch …

Tipp:
Wenn Sie das Spiel für eine Erwärmung nutzen möchten, sollten Sie es etwas verlängern. Eine Möglichkeit wäre, den Refrain (Hopp, hopp, hopp …) immer doppelt zu singen oder, wenn man das Spiel mit Musik unterlegt, nach jeder Strophe eine Gesangspause einzufügen und die Kinder nur zur Musik „galoppieren" zu lassen.

Die Fata Morgana

Ausgangsposition:
Die Kinder stehen frei im Raum.

1.
Wir schleppen uns durch die Wüste.
Ach, wie sind wir müd'.
Wir haben kein Wasser.
Wir haben kein Brot.
Was für eine Not!
müde und hungrig durch den Raum schleppen

2.
Doch da, ja da,
überrascht am Platz springen und zu einem Ort zeigen
ist die Oase nah!
schnell zu diesem Ort laufen
Wir schöpfen das Wasser.
schöpfen (von unten nach oben)
Wir pflücken die Früchte.
sich recken und pflücken (von oben nach unten)
Hier bleib ich immer, jaaaaaa!
sich einmal um die Achse drehen

3.
Doch halt!
wie angewurzelt stehen bleiben
Kein Wasser, kein Brot, kein Baum,
die Oase war nur ein Traum!
Körper wieder zusammensinken lassen

Eine Kiste voller Schuhe

Anleitung:
An einem Ort im Zimmer steht die imaginäre Schuhkiste. Die Kinder nehmen sich die Schuhe pantomimisch aus der Kiste. Sie ziehen sie an, gehen damit durch den Raum, ziehen sie wieder aus, legen sie wieder in die Kiste – und schnappen sich ein neues Paar.

Beispiele:

Onkel Erwins HOLZSCHUHE
große, schlürfende, langsame Schritte
Tante Lottes ABSATZSCHUHE
kleine Schritte auf halber Spitze
Die GUMMISTIFEL von Opa Lutz
riesige Schritte
Oma Floras FILZPANTOFFELN
schnell durch den Raum flitzen
Nachbar Bennos SCHLAPPSANDALEN
Fersen aufsetzen und den Fuß runterplatschen lassen
Prinzessin Klaras GLASSCHUHE
kleine, vorsichtige Schritte, dazu die Worte „Pling", „Kling" sagen
Neue TURNSCHUHE
springen, hüpfen
Ein VIERER-PACK eines Unbekannten
an Hände und Füße anziehen, im Vier-Füßler-Gang durch den Raum

Tipp: Dieses Spiel eignet sich sehr gut für stimmliche oder/und instrumentale Begleitung. Jedes Kind bekommt einmal die Möglichkeit, ein Paar Schuhe aus der Kiste zu holen. Bestimmt fallen den Kindern noch weitere lustige Schuhvariationen ein.

Was für ein Wetter

Ausgangsposition:
Die Kinder stehen frei im Raum.

1.
In meinem letzten Frühlingstraum,
stehen wie ein Baum
ihr glaubt es kaum, da stand ein Baum
und hatte keine Blätter mehr
an seinen langen Ästen.
Was war denn da gescheh'n?

2.
Es kam ein letzter Sommerwind,
durch den Raum „wirbeln"
der blies durch meinen Baum geschwind,
und, hui, da war'n sie unten,
die roten, gelben, braunen Blätter.
auf den Boden gleiten
Na, das war ein Wetter!

3.
Kennst du diese Zeit,
wo es Blätter schneit?
(antworten)

Ohren an das Knie heran, ...

Alle Bälle an der Decke

Ausgangsposition:
Die Kinder stehen zusammen mit dem Sprecher in einer Ecke des Raumes.

Vorgeschichte:
„An unserer Decke hängt ein großes Netz mit vielen Bällen. Große, kleine, schwere und leichte, weiße, grüne, rote … Welche aus Leder, aus Stoff, aus Plastik …"
Die Kinder erzählen, was sie im imaginären Netz noch für Bälle sehen. *Aus welchem Material könnte das Netz sein? An wievielen Haken hängt es an der Decke? …*
Nun lösen die Kinder gemeinsam die Netzhalterung und … hui … die Kinder verwandeln sich in Bälle und springen durch den Raum.

1.
Viele kleine Tischtennisbälle
springen durch den Raum.
Ich will sie fassen, doch herrje,
es gelingt mir kaum.
schnelle, kleine Sprünge

2.
Da drüben springt ein Tennisball,
er nähert sich der Wand.
Er springt fast bis zur Decke hoch.
Zu langsam ist meine Hand.
aus der Hocke springen

Alle Bälle an der Decke

3.

Ein Handball und ein Fußball,
die stoßen sich vorsichtig an.
Euch fasse ich, denke ich mir,
und kann sie doch nicht fangen.
Immer zwei Kinder finden sich zusammen und berühren sich vorsichtig an einem Körperteil.

4.

Ein Medizinball fällt nach unten
einmal so hoch springen, wie es nur geht, und am Boden landen
und bleibt erst einmal liegen.
hinsetzen
Dann rollt er sich hin und her.
Na, dich werde ich wohl kriegen!
Fußsohlen aneinanderstellen und mit den Händen die Füße fest umfassen. Dann über die Seite auf den Rücken, auf die andere Seite rollen und wieder auf dem Po ankommen.

6

Tipp:

Der Sprecher geht mit durch den Raum und versucht, die „Bälle" zu fangen. Am Ende sucht er sich einen „Medizinball" aus, den er umarmt oder hochhebt, in die Luft wirft oder sich mit ihm dreht.

Reise zu den Indianern

Ausgangsposition:
Die Kinder stehen/sitzen/liegen frei im Raum oder man beginnt aus der Gesprächsrunde.

Vorgespräch:
Vorher könnte in einem (Kinder-)Atlas das Indianerland gesucht werden. Wie weit ist es wohl entfernt?

Dieses Spiel besteht aus zwei Teilen:
1. im Raum und
2. sitzend im Kreis

1.

Wir fliegen mit dem Flugzeug weit über das Meer in das Indianerland.
durch den Raum „fliegen", mit ausgestreckten Armen
Wir reiten zu Pferd über die Prärie.
durch den Raum reiten, Knie hochziehen
Wir schleichen des Nachts in ein Indianerdorf.
auf Zehenspitzen durch den Raum schleichen
Wir sitzen im Indianersitz ganz stolz im Häuptlingszelt.
in einem großen Kreis im Schneidersitz sitzen, langer Rücken, Hände liegen auf den Knien

2.

Das sind unsere Zelte,
mit großer, halbkreisförmiger Armgeste über dem Kopf in eine Richtung zeigen
das sind unsere Tiere
mit dem anderem Arm in die andere Richtung wiederholen
in unserem großen Indianerland.
beide Arme vor dem Körper kreuzen und über dem Kopf zu den Seiten öffnen

Reise zu den Indianern

3.
Das sind unsere Bäume,
Arme nach oben
das sind unsere Gräser
Finger vor Gesicht (als wenn man durch Gräser schaut)
in unserem großen Indianerland.
beide Arme vor dem Körper kreuzen und über dem Kopf zu den Seiten öffnen

4.
Das sind unsere Flüsse,
mit einer Hand Wellenlinien in die Luft zeichnen
das ist unser Feuer
mit der anderen Hand Funken nachahmen
in unserem großen Indianerland.
beide Arme vor dem Körper kreuzen und über dem Kopf zu den Seiten öffnen

5.
Das ist unser Regen,
Fingerzappeln über dem Kopf
das ist unser Staub
mit den Händen „Staub aufheben" und nach unten lassen rieseln
in unserem großen Indianerland.
beide Arme vor dem Körper kreuzen und über dem Kopf zu den Seiten öffnen

6.
Das ist unser Himmel,
beide Arme heben und mit den Händen nach oben zeigen
das ist unsere Erde
mit einer Hand flach über den Boden streichen

in unserem großen Indianerland.
beide Arme vor dem Körper kreuzen und über dem Kopf zu den Seiten öffnen

7.
Wir leben in einem großen Land.
jeweils bei „leben" über dem Kopf in die Hände klatschen
Wir leben in einem weiten Land.
die Stimme wird immer lauter
Wir leben in einem schönen Land
– und du kannst uns besuchen!
bei „du" auf jemanden zeigen, ganz laut und mit Indianergeheul aufstehen, loslaufen und sich schnell einen versteckten Beobachtungsposten suchen. Nun müssen alle kleinen Indianer gesucht werden. Wenn sie gefunden wurden, ist das Spiel zu Ende.

Der Zim-Zam-Zaubermann

Ausgangsposition:
Die Kinder stehen frei im Raum.

1.

Ein Zim-Zam-Zaubermann
ging einmal in den Zoo.
durch den Raum gehen
Dort sah er einen Elefanten
groß machen
und verwandelte ihn in einen Floh.
klein machen
Der Floh hopste davon.
Hops, hops, hops …
mit kleinen Sprüngen durch den Raur
Der Zaubermann flog hinterher. Hui …
durch den Raum „fliegen“

6

Dann hat er ihn erwischt.
Hob eine Hand,
eine Hand heben
sprach „Zim Zam Zum“
und der Floh war wieder ein Elefant.

2.

Ein Zim-Zam-Zaubermann
ging einmal in den Zoo.
durch den Raum gehen
Dort sah er ein Schwein
groß machen

Der Zim-Zam-Zaubermann

und verwandelte es in einen Floh.
klein machen
Der Floh hopste davon.
Hops, hops, hops …
mit kleinen Sprüngen durch den Raum hopsen
Der Zaubermann flog hinterher. Hui …
durch den Raum „fliegen"

Dann hat er ihn erwischt.
Hob ein Bein,
ein Bein heben
sprach „Zim Zam Zum"
und der Floh war wieder ein Schwein.

3.
Ein Zim-Zam-Zaubermann
ging einmal in den Zoo.
durch den Raum gehen
Dort sah er einen Bären
groß machen
und verwandelte ihn in einen Floh.
klein machen
Der Floh hopste davon.
Hops, hops, hops …
mit kleinen Sprüngen durch den Raum hopsen
Der Zaubermann flog hinterher. Hui …
durch den Raum „fliegen"

Dann hat er ihn erwischt.
Drehte den Kopf hin und her,
den Kopf hin- und herdrehen
sprach „Zim Zam Zum"
und der Floh war wieder ein Bär.

Der Zim-Zam-Zaubermann

4.

Ein Zim-Zam-Zaubermann
ging einmal in den Zoo.
durch den Raum gehen
Dort sah er ein Küken
groß machen
und verwandelte es in einen Floh.
klein machen
Der Floh hopste davon.
Hops, hops, hops …
mit kleinen Sprüngen durch den Raum hopsen
Der Zaubermann flog hinterher. Hui …
durch den Raum „fliegen"

Dann hat er ihn erwischt.
Rollte sich auf den Rücken,
sich auf den Rücken rollen
sprach „Zim Zam Zum"
und der Floh war wieder ein Küken.

5.

Ein Zim-Zam-Zaubermann
ging einmal in den Zoo.
durch den Raum gehen
Dort sah er eine Ente
groß machen
und verwandelte sie in einen Floh.
klein machen
Der Floh hopste davon.
Hops, hops, hops …
mit kleinen Sprüngen durch den Raum hopsen

Ohren an das Knie heran, …

Der Zim-Zam-Zaubermann

Der Zaubermann flog hinterher. Hui …
durch den Raum „fliegen"

Dann hat er ihn erwischt.
Klatschte in beide Hände,
in die Hände klatschen
sprach „Zim Zam Zum"
und der Floh war wieder eine Ente.

6.
Ein Zim-Zam-Zaubermann
ging einmal in den Zoo.
durch den Raum gehen
Dort sah er eine Kuh
groß machen
und verwandelte sie in einen Floh.
klein machen
Der Floh hopste davon.
Hops, hops, hops …
mit kleinen Sprüngen durch den Raum hopsen
Der Zaubermann flog hinterher. Hui …
durch den Raum „fliegen"

Dann hat er ihn erwischt.
Sprang, die Beine auf und zu,
wie ein „Hampelmann" springen
sprach „Zim Zam Zum"
und der Floh war wieder eine Kuh.

Viel Spaß beim Weiterdichten!

Jedes Zimmer

Ausgangsposition:
Die Kinder stehen in einer Reihe und fassen sich an den Händen oder an den Schultern. Sie können sich auch alle an einem langen Seil halten.

1.
Jedes Zimmer, jedes Zimmer
ist ein großes Instrument.
Sag mir an, sag mir an,
wo ich es zum Klingen bringen kann.
durch das Zimmer marschieren

2.
An (der Heizung, Fenster, Heizung,
Tür, Wand, Spiegel, Schrank, Luft …)
hörst du, hörst du,
wie das Zimmer klingen kann.
Mal leise, mal lauter
schlag ich mit den Fingern dran.
Wenn ein Gegenstand genannt wurde, laufen wir schnell zu ihm und versuchen, ihm vorsichtig Töne zu entlocken.
Achtung: bei Glas und Spiegel nur mit den Fingerspitzen klopfen.
Vielleicht können wir auch schon sagen, aus welchem Material der Gegenstand ist, ob er hart oder weich, warm oder kalt, groß oder klein ist, welche Farbe er hat …

3.
Hörst du, hörst du,
wie das Zimmer klingen kann?
Und jetzt fangen wir
von vorne wieder an.
im Takt in die Hände klatschen und am Platz springen

(nach einer Idee von Gerda Bächli)

Fingerspiele

Fingerspiele sind sehr geeignet, um die Feinmotorik sowie die Koordination zu schulen.

Sie sind in fast jeder Situation ausführbar – in der Straßenbahn, beim Warten am Tisch auf das Essen, während der Kuschelzeit oder im Bett als kleines Einschlafritual.

Man kann sich gemeinsam zu fast jedem kleinen Reim ein Fingerspiel ausdenken, und bei den hier gesammelten Texten kann das Spiel der Finger vielfältig variiert werden.

Der Spatz

Ausgangsposition:
beliebig, nur die Hände müssen frei beweglich sein

Wenn ganz viele Regentropfen
Fingerzappeln
leise an mein Fenster klopfen,
mit den Fingerspitzen trommeln
(auf dem Tisch, auf dem Oberschenkel …)
wird der Spatz gar nicht nass,
eine Hand zur Faust, die andere Hand bildet darüber ein Dach
denn er sitzt unter dem Dach.
wiederholen > wechseln

Die Sonnenblume

Ausgangsposition:
beliebig, nur die Hände müssen frei beweglich sein

Wenn am Himmel die Sonne lacht,
eine Hand weit öffnen und von oben als Sonne nach unten strahlen lassen
Frau Sonnenblume strahlt dazu.
die andere Hand weit öffnen und von unten als Blume nach oben strahlen lassen
Sagt der Mond „Gute Nacht",
die „Sonnenhand" zu einem Halbmond oder zur Faust als Vollmond verformen
Frau Sonnenblume geht zur Ruh.
die „Blumenhand" schließen

Ich schenke dir ein Herz

Ausgangsposition:
beliebig, nur die Hände müssen frei beweglich sein

Ich schenke dir ein Herz,
mit beiden Händen ein Herz formen
ein Dreieck entsteht im Nu,
... ein Dreieck formen
den Kreis bekommst du heute auch,
... einen Kreis formen
ein Viereck noch dazu.
... ein Viereck formen

Mama, Mama

Ausgangsposition:
beliebig, nur die Hände müssen frei beweglich sein, Handwurzeln und alle Finger liegen aneinander

Mama, Mama!
Kleiner Finger 2-mal aneinandertippen
Was, was, was?
Daumen 3-mal aneinandertippen
Küsschen, Küsschen!
Ringfinger 2-mal aneinandertippen
Wofür das?
Zeigefinger 3-mal aneinandertippen
Hab dich lieb!
Mittelfinger 2-mal kreuzen (umarmen)
Schmatz, schmatz, schmatz.
Mittelfinger 3-mal aneinandertippen
Ich dich auch,
Mittelfinger 2-mal kreuzen (umarmen)
kleiner Schatz.
Mittelfinger 3-mal aneinandertippen

Tipp: Geht natürlich auch mit Papa, Oma, Opa …

Herr Floh

Ausgangsposition:
beliebig, nur die Hände müssen frei beweglich sein

Hallo, hallo!
beide Zeigefinger haken sich 2-mal ineinander
Guten Tag, Herr Floh.
Mittelfinger 3-mal aneinandertippen
Setzen Sie sich hier
Ringfinger 3-mal aneinandertippen
auf ihren kleinen Po.
Kleiner Finger 3-mal aneinandertippen
Wie geht es Ihnen so?
die Daumenkuppen aneinanderreiben
Aha, hm, hm, oho, oho.
die Handflächen aneinanderreiben
Ach sooooooooo!
Hände 1-mal zusammenklatschen
Na dann,
Hände öffnen, Handflächen nach oben zeigen
auf Wiederseh'n, Herr Floh.
2-mal die Hände im Wechsel ineinanderhaken

Ausruhen

Nach so viel Bewegung fehlt jetzt noch etwas ganz Wichtiges – die Ruhe. Entspannen, das gemeinsame Atmen genießen, neue Kraft sammeln oder zufrieden einschlafen.

Grenzgänger:

→ „Kleines Häschen, komm zu mir" (S. 13) aus dem Kapitel „Zu zweit"

Vier Kuschelreime

Mein Mund an dein Ohr

Mein Mund an dein Ohr,
ich erzähle dir was:
„Tuschel, tuschel, tuschel."
Jetzt bist du dran.
Ganz nah bei mir.
Kuschel, kuschel, kuschel.

Der müde Mops

Vor mir sitzt ein müder Mops,
sitzt da wie ein kleiner Klops.
Reibt sich seine Äugelein.
sperrt weit auf das Mäulchen klein.
Kuschelt sich ins Bettchen rein,
wird gleich eingeschlafen sein.

Ich liege hier

Ich liege hier,
du liegst auf mir,
dein Rücken an meinem Bauch.
Gemeinsam atmen wir.
Lege dich in meinen Arm,
lass mich an dich schmiegen.
Bei dir ist es herrlich warm.
Hier bleib ich lange liegen.

Vier Kuschelreime

Schlafe, kleines Mäusekind

Schlafe, kleines Mäusekind.
Lege dich zur Ruh.
In das Traumland flieg
geschwind,
mach die Augen zu.

Dort warten viele Abenteuer,
alles, was du willst, wird wahr.
Tanz mit Wasser, Wind und
Feuer,
König wirst du dort sogar.

Schlafe, kleines Mäusekind
…

Wenn du aufwachst, bin ich hier
und nehm' dich in den Arm.
Ich hoffe, dann erzählst du mir
von einem schönen Traum.

Schlafe, kleines Mäusekind
…

Schlafe, schlafe,
schlafe ein.
Schlafe, schlafe,
mein Mäuseklein.

Eine Verabschiedung

Ausgangsposition:
Die Kinder stehen im Kreis.

Wir machen uns ganz klein,
das Tanzen (oder Spielen, Singen ...), das war fein.
hinhocken

Wir machen uns ganz groß,
das Tanzen war famos.
auf den Ballen stehend und
mit erhobenen Armen
sich lang nach oben recken

Wir recken uns in die Breite,
tanzen können alle Leute.
Arme und Beine weit in die Seite öffnen

Wir machen uns ganz schmal,
tanzen ist genial.
Beine eng schließen, Arme eng an den Körper pressen, vielleicht
noch die Wangen in den Mundraum ziehen (Fischmäulchen)

Wir klatschen in die Hände,
das Spiel ist jetzt zu Ende.
entspannt stehen und im Takt in die Hände klatschen

Wir bleiben ganz still stehen
still stehen, nichts bewegen
(erst wenn wirklich niemand sich
bewegt, die nächste Zeile beginnen)
und sagen dem Tanz (uns): „Auf Wiedersehen."
auf „Wiedersehen" 3-mal in die Hände klatschen

Tipps zu Kombinationsmöglichkeiten

In diesem Kapitel habe ich einige Bewegungsreime und -spiele zusammengestellt, die thematisch zueinanderpassen und möglichst viele verschiedene Bereiche trainieren. Diese Zusammenstellung hilft Ihnen, wenn Sie eine ganze Stunde mit den Spielen füllen möchten.

Thema: Traum

Eine Begrüßung	(im Kreis, S. 11)
Was für ein Wetter	(am Ort > durch den Raum, S. 44)
Fata Morgana	(durch den Raum, S. 42)
Der Zim-Zam-Zaubermann	(durch den Raum, S. 50)
Oben ist die Luft ganz dicke	(am Ort, S. 24)
Klingeling und poch, poch, poch	(am Boden, S. 32)
Schlafe, kleines Mäusekind	(Entspannung, S. 63)

Thema: Tiere

Eine Begrüßung	(im Kreis, S. 11)
Die Flamingos	(am Ort, S. 38)
Frühlingsblüher und Schmetterling	(am Boden > durch den Raum, S. 37)
Die Zebras sind los	(durch den Raum, S. 40)
Der Zim-Zam-Zaubermann	(durch den Raum, S. 50)
Groß und klein	(am Ort, S. 25)

Das Spiel endet mit einer Schlange und leitet so sehr gut zu „Mumba“ über!

Mumba	(am Boden, S. 35)
Der Spatz/Herr Floh	(Entspannung, S. 56/60)

Thema: Richtungen

Eine Begrüßung	(im Kreis, S. 11)
Hoch und runter, hin und her	(am Ort, S. 26)
Groß und klein	(am Ort, S. 25)

Tipps zu Kombinationsmöglichkeiten

Wackelgustaf, Schlenkerliese und Zappelpeter	(am Boden > durch den Raum, S. 28)
Alle Bälle an die Decke	(durch den Raum, S. 45)
Die Zebras sind los	(durch den Raum, S. 40)
Oben ist die Luft ganz dicke	(am Ort, S. 24)
Eine Verabschiedung	(im Kreis, S. 64)

Thema: Körperteile

Hallihallo	(im Kreis als Begrüßung, S. 21)
Ellenbogen, Nase, Knie	(am Ort, S. 19)
Füße trampeln	(am Ort > durch den Raum, S. 20)
Der Zim-Zam-Zaubermann	(durch den Raum, S. 50)
Die Flamingos	(am Ort, S. 38)
Laut und leise	(am Ort, S. 22)
Eine Verabschiedung	(im Kreis, S. 64)

Thema: Spaziergang

Eine Begrüßung *vor unserer Haustür*	(im Kreis, S. 11)
Wir schauen in den See hinein *Wir wandern zum nahe gelegenen See.*	(im Kreis, S. 14)
Oben ist die Luft ganz dicke *auf der Obstplantage*	(am Ort, S. 24)
Frühlingsblüher und Schmetterling *auf der Wiese*	(am Boden > durch den Raum, S. 37)
Was für ein Wetter *auf einer Lichtung*	(am Ort > durch den Raum, S. 44)

Tipps zu Kombinationsmöglichkeiten

Ringelkringel, Zuckermund *wieder vor unserem Haus*	(im Kreis, S. 17)
Die Sonnenblume *in der Abendsonne*	(Entspannung, S. 57)

Thema: Unser Raum

Eine Begrüßung	(im Kreis, S. 11)
Oben ist die Luft ganz dicke	(am Ort, S. 24)
Kleine Kribbs-Krabbs-Mecken	(am Boden > durch den Raum, S. 30)
Jedes Zimmer	(durch den Raum, S. 54)
Alle Bälle an die Decke	(durch den Raum, S. 45)
Eine Verabschiedung	(im Kreis, S. 64)

Thema: Im Kreis

Eine Begrüßung	(im Kreis stehen, S. 11)
Ringelkringel, Zuckermund	(im Kreis gefasst gehen, S. 17)
Wir schauen in den See hinein	(im Kreis gefasst stehen, S. 14)
Ellenbogen, Nase, Knie	(auf der Kreislinie, jeder für sich, S. 19)
Laut und leise	(auf der Kreislinie, jeder für sich, S. 22)
Füße trampeln	(auf der Kreislinie, jeder für sich > am Ende nicht durch den Raum, sondern auf der Kreislinie, S. 20)
Die Zebras sind los	(nicht durch den Raum, sondern auf der Kreislinie, S. 40)
Kleines Häschen, komm' zu mir	(auf der Kreislinie, zu zweit, S. 13)
Reise zu den Indianern, 2. Teil	(im Kreis am Boden sitzen, S. 47)

Tipps zu Kombinationsmöglichkeiten

Eine Verabschiedung	(im Kreis stehen, S. 64)
oder	
ein Fingerspiel	(im Kreis sitzen, S. 56–60)

Eltern-Mitmach-Stunde

Eine Begrüßung	(im Kreis, S. 11)
Ringelkringel, Zuckermund	(im Kreis, S. 17)
Kleines Häschen, komm' zu mir	(am Ort, zu zweit, S. 13)
Das Äffchen	(am Ort, zu zweit, S. 16)
Eine Kiste voller Schuhe	(durch den Raum, S. 43)
Der Zim-Zam-Zaubermann	(durch den Raum, S. 50)
Mama, Mama	(am Ort, zu zweit, S. 59)
Geht natürlich auch mit Papa, Papa!	
ein Kuschelreim	(am Ort, zu zweit, S. 62/63)
Eine Verabschiedung	(im Kreis, S. 64)

Übersicht über die Förderbereiche

Koordination

Kondition

Übersicht über die Förderbereiche

Kraft

Balance

Vertrauen

Lockerung/Entspannung

Verantwortung für andere

Literatur- und Internettipps

Literatur:

U. Oezoğul:
Sprachförderung für 3- bis 7-Jährige.
Verlag an der Ruhr, 2007
ISBN 978-3-8346-0240-4

D. Wolters, M. Schneider, R. Schneider:
Bewegen und Entspannen nach Musik. Rhythmisierungen, Bewegung und Ausgleich in Kindergarten und Unterricht.
Verlag an der Ruhr, 1998
ISBN 978-3-86072-150-6

D. Wolters, M. Schneider, R. Schneider:
Bewegen und Entspannen im Jahreskreis. Rhythmisierungen, Bewegung und Ausgleich in Kindergarten und Unterricht.
Verlag an der Ruhr, 1998
ISBN 978-3-86072-244-2

P. Proßowsky:
Kinder entspannen mit Yoga.
Von der kleinen Übung bis zum kompletten Kurs.
Verlag an der Ruhr, 2007
ISBN 978-3-8346-0291-6

Internet:

www.kindergarten-paedagogik.de
Zahlreiche Informationen rund um den Kindergarten.

www.rahmenplan.de/sprache
Ideen für eine kindgerechte Sprachförderung.

www.rahmenplan.de/gesundheit
Ideen, Übungen und Spiele zur Gesundheitsförderung im Kindergarten.

www.verlagruhr.de
Die in diesem Werk angegebenen Internetadressen haben wir geprüft (Stand 01/08). Da sich Internetadressen und deren Inhalte schnell verändern können, ist nicht auszuschließen, dass unter einer Adresse inzwischen ein ganz anderer Inhalt angeboten wird. Wir können daher für die angegebenen Internetseiten keine Verantwortung übernehmen.

Verlag an der Ruhr

Postfach 10 22 51
45422 Mülheim an der Ruhr

Alexanderstraße 54
45472 Mülheim an der Ruhr

Telefon 02 08/495 04 900
Fax 02 08/495 04 295

bestellung@verlagruhr.de
www.verlagruhr.de

Es gelten die Preise auf unserer Internetseite.

Bildungsabenteuer Kindergarten

Lernen in den sechs Bildungsbereichen – Erprobte Projekte zum Nachmachen

Antje Bostelmann (Hrsg.)

3–6 J., 114 S., A4, Paperback, vierfarbig

ISBN 978-3-8346-0246-6

Best.-Nr. 60246

19,50 € (D)/20,– € (A)/34,20 CHF

Sprachförderung für 3- bis 7-Jährige

Ausgearbeitete Stunden und Materialien für ein ganzes Jahr

Uta Oezoğul

3–7 J., 260 S., A4, Spiralbindung

ISBN 978-3-8346-0240-4

Best.-Nr. 60240

29,80 € (D)/30,65 € (A)/52,20 CHF

Das Portfolio-Konzept für Kita und Kindergarten

Antje Bostelmann (Hrsg.)

0–6 J., 129 S., A4,

Paperback, vierfarbig

ISBN 978-3-8346-0199-5

Best.-Nr. 60199

19,50 € (D)/20,– € (A)/34,20 CHF

So gelingen Portfolios in Kita und Kindergarten

Beispielseiten und Vorlagen

Antje Bostelmann (Hrsg.)

0–6 J., 74 S., A4,

Paperback, vierfarbig

ISBN 978-3-8346-0322-7

Best.-Nr. 60322

16,50 € (D)/17,– € (A)/28,90 CHF

Keiner darf zurückbleiben!